La science dans mon monde : niveau 1

Christian Lopetz

Un livre de la collection
Les jeunes plantes de Crabtree

Crabtree Publishing
crabtreebooks.com

Table des matières

Qu'est-ce qu'un cycle?

Un **cycle** est quelque chose qui survient encore et encore. Il y a de nombreux cycles sur la Terre.

Le jour et la nuit sont un exemple de cycle.

Chaque jour commence avec le **lever du soleil**.
À midi, le soleil est à son niveau le plus élevé.

Le soleil **se couche** à la fin de chaque jour.
La nuit commence, puis se termine au début du jour suivant.

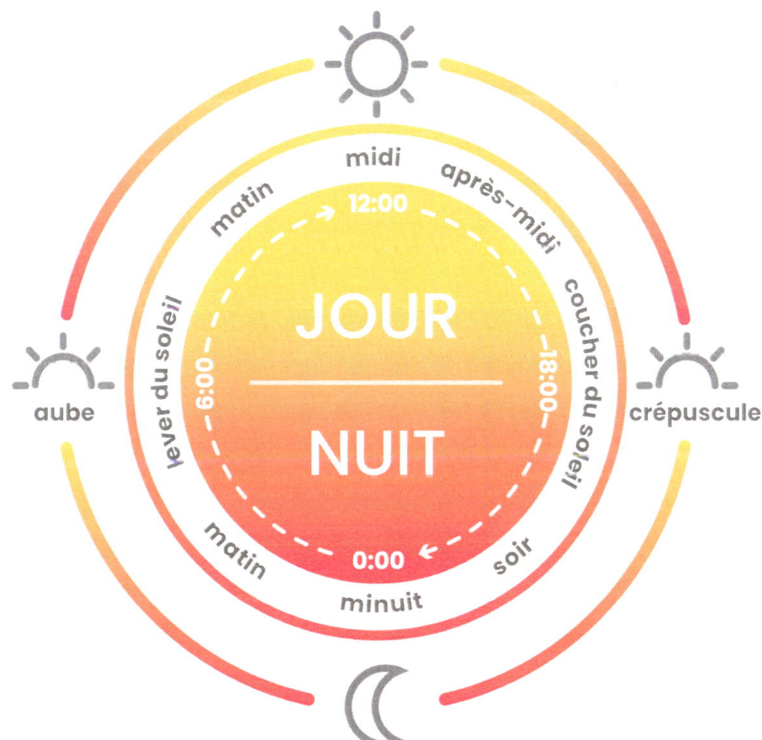

Les quatre saisons

Les saisons sont un cycle, parce qu'elles se répètent chaque année.

Il y a quatre saisons dans une année.

Elles sont le printemps, l’été, l’automne et l’hiver.

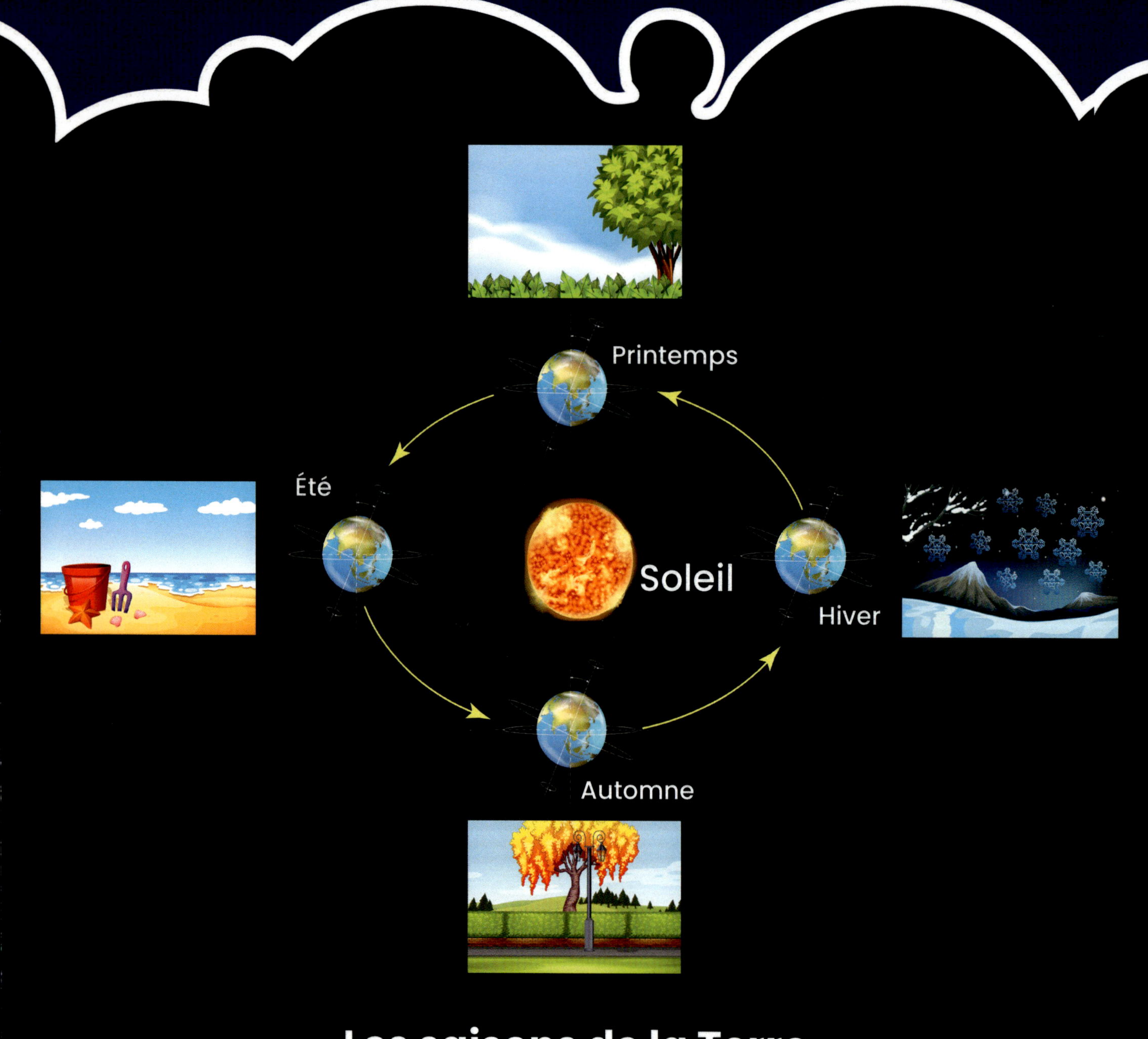

Les saisons de la Terre

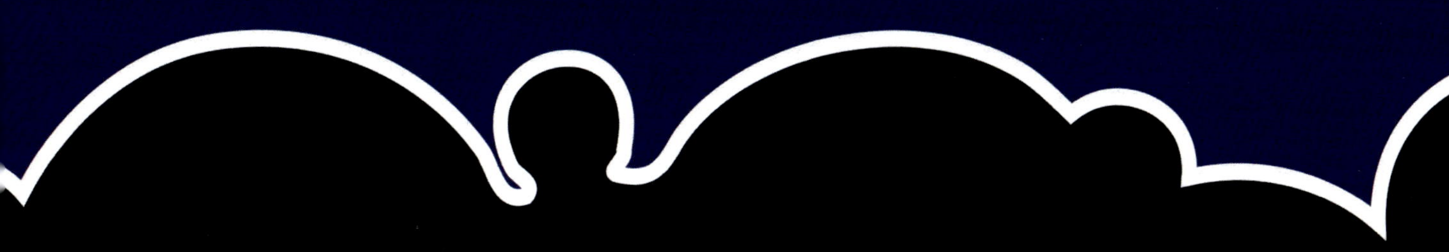

Le printemps suit l’hiver et apporte un temps plus chaud. Les fleurs commencent à pousser.

L’été suit le printemps. L’été est ensoleillé et chaud.

L’automne suit l’été. Les feuilles changent de couleur et tombent des arbres avant l’arrivée de l’hiver.

L’hiver suit l’automne. C’est la saison la plus froide.

Les saisons arrivent toujours dans le même ordre.

Le cycle de l’eau

Quand le soleil réchauffe les rivières, les océans et les lacs, de la **vapeur d’eau** se forme. L’eau **monte**, puis se refroidit et se transforme en gouttelettes d’eau.

Les gouttelettes d'eau se regroupent et forment des nuages.

Quand les nuages deviennent trop lourds, les gouttelettes d'eau tombent sous forme de pluie ou de neige.

Les cycles de vie

Les animaux ont un **cycle de vie**.

Les animaux naissent. Ils grandissent, se **reproduisent** et meurent. Ce cycle se répète, encore et encore.

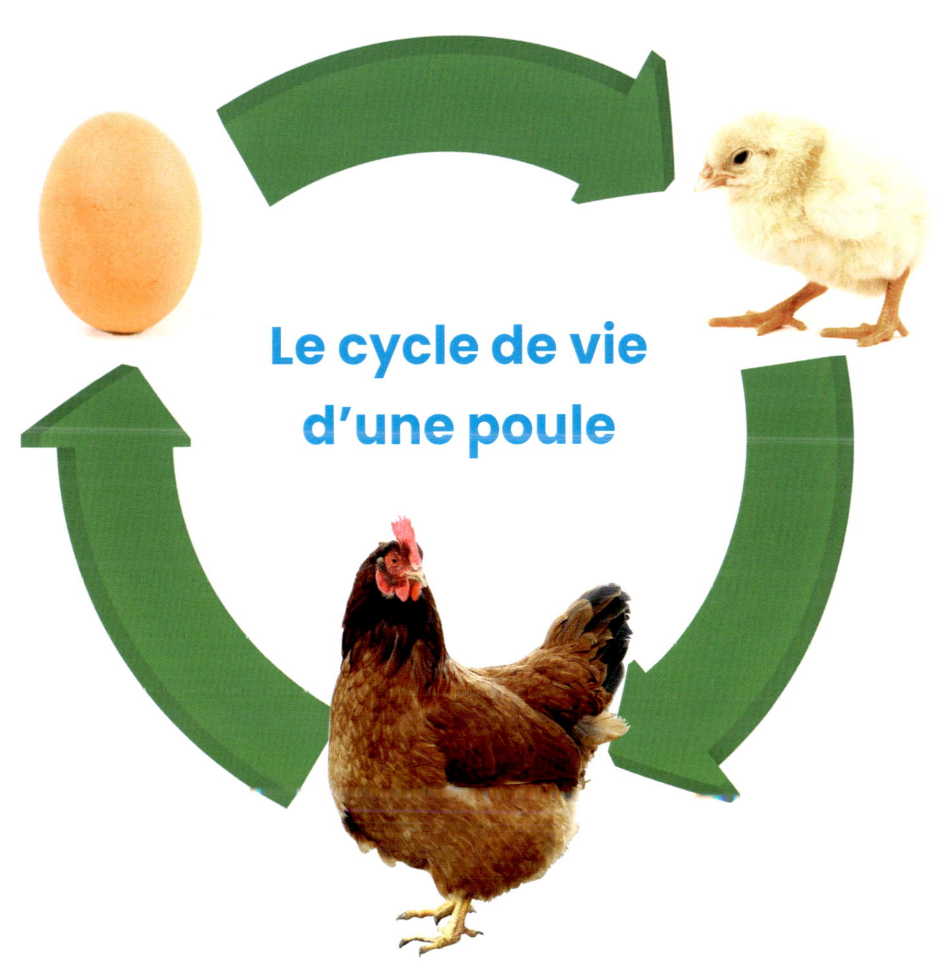
Le cycle de vie
d'une poule

Les plantes aussi ont un cycle de vie. De nombreuses plantes proviennent de graines.

Quand la plante a fini de grandir, elle produit de nouvelles graines. Les graines tombent sur le sol et le cycle recommence.

Glossaire

cycle (ssi-kle) : Un événement qui se répète, encore et encore

cycle de l'eau (ssi-kle de lo) : Le mouvement continu de l'eau sur la Terre

cycle de vie (ssi-kle de-vi) : Les changements que tous les organismes vivants subissent entre la naissance et la mort

lever du soleil (le-vé du so-leye) : Quand le soleil apparaît à l'horizon le matin

monte (mon-te) : Se déplace vers le haut

reproduisent (re-pro-duiz) : Faire plus de quelque chose

se couche (sse cou-ch) : Quand le soleil descend à l'horizon

vapeur d'eau (va-peur do) : Un gaz qui se forme quand l'eau est chauffée

Index

Soutien de l'école à la maison pour les parents, les gardiens et les enseignants

Ce livre aide les enfants à se développer grâce à la pratique de la lecture. Voici quelques exemples de questions pour aider le lecteur ou la lectrice à développer ses capacités de compréhension. Les suggestions de réponses sont indiquées en rouge.

Avant la lecture

- **De quoi ce livre parle-t-il?** *Je pense que ce livre parle des différents cycles de la Terre. Je pense que ce livre parle de la température sur la Terre.*
- **Qu'est-ce que je veux apprendre sur ce sujet?** *Je veux apprendre quels sont les différents cycles de la Terre. Je veux savoir combien de temps dure chaque cycle de la Terre.*

Pendant la lecture

- **Je me demande pourquoi...** *Je me demande pourquoi la vapeur d'eau monte. Je me demande pourquoi les animaux meurent.*
- **Qu'est-ce que j'ai appris jusqu'à présent?** *J'ai appris que les animaux et les plantes ont un cycle de vie. J'ai appris que les saisons arrivent toujours dans le même ordre.*

Après la lecture

- **Nomme quelques détails que tu as retenus.** *J'ai appris qu'il y a quatre saisons dans une année : printemps, été, automne et hiver. J'ai appris que la vapeur d'eau monte, se refroidit, puis tombe sous forme de pluie ou de neige.*
- **Lis le livre à nouveau et cherche les mots du glossaire.** *Je vois le mot **cycle** à la page 4 et les mots **vapeur d'eau** à la page 12. Les autres mots du glossaire se trouvent à la page 23.*

Crabtree Publishing

crabtreebooks.com 800-387-7650

Version imprimée du livre produite conjointement avec Blue Door Education en 2021.

Catalogage avant publication de Bibliothèque et Archives Canada

Titre: Les cycles de la Terre / Christian Lopetz ; texte français d'Annie Eevearts.
Autres titres: Earth has cycles. Français.
Noms: Lopetz, Christian, auteur.
Description: Mention de collection: La science dans mon monde : niveau 1 | Les jeunes plantes de Crabtree | Traduction de : Earth has cycles. | Comprend un index.
Identifiants: Canadiana (livre imprimé) 20210263695 | Canadiana (livre numérique) 20210263792 | ISBN 9781039609198 (couverture souple) | ISBN 9781039609266 (HTML) | ISBN 9781039609334 (EPUB)
Vedettes-matière: RVM: Sciences de la terre—Ouvrages pour la jeunesse. | RVM: Terre—Ouvrages pour la jeunesse. | RVMGF: Documents pour la jeunesse.
Classification: LCC QE29 .L6614 2022 | CDD j550—dc23

Publié au Canada par Crabtree Publishing
616 Welland Avenue
St. Catharines, Ontario
L2M 5V6

Publié aux États-Unis par Crabtree Publishing
347 Fifth Avenue
Suite 1402-145
New York, NY 10016

Auteur : Christian Lopetz
Traduction : Annie Evearts

Références photographiques : Couverture ©gattopazzo; p. 5 By pryzmat; p. 6 © Inna Bigun/7By Elkee123; p. 8-9 photobak.kiev.us; p. 10-11 © By BlueRingMedia; p. 12-13 © Kletr; p. 14-15 © By Designua; p. 16-17 © slowmotiongli; p. 18-19 © Peter Baxter, gualtiero boffi, Splash, dabjola, Gala_Kan, Daniel Wiedemann, s_oleg; p. 20-21 © Bogdan Wankowicz; p. 22-23 © gualtiero boffi, Brogin Alxey, Nikolay Okhitin, pzAxe; Alex Garoev, D. Copy, LianeM, crist180884. Toutes les images proviennent de Shutterstock.com, sauf les pages 2-3 © alexmak72427/istock.com

Paperback 978-1-0396-0919-8
Ebook (pdf) 978-1-0396-0926-6
Epub 978-1-0396-0933-4
Read-along 978-1-0398-0457-9
Audio book 978-1-0396-6736-5

Imprimé au Canada/112024/CP20241107